DU

POUVOIR CONSTITUANT

ET DU

PRINCIPE SOUVERAIN,

D'APRÈS M. DE CORMENIN,

AU SUJET DE LA CHARTE DE 1830.

PAR F. DELARUE.

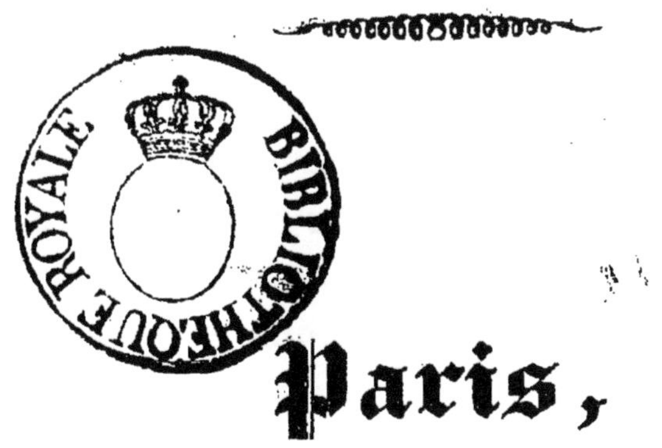

Paris,

CHEZ LEVAVASSEUR, LIBRAIRE, PALAIS-ROYAL.

1831

POUVOIR CONSTITUANT

ET DU

PRINCIPE SOUVERAIN.

Sans chercher à remonter à l'origine de toutes les sociétés, nous dirons, parce que c'est un fait, que le pouvoir constituant peut être exercé de deux manières :

1° D'après le principe souverain, dérivant du droit divin, par lequel le souverain se prétend le père de ses sujets comme ayant reçu de la divinité même le pouvoir et le droit de gouverner les peuples qui obéissent à sa domination. Sans chercher s'il y a ici usurpation de pouvoir, nous convenons que le souverain alors reconnu, peut modifier les lois dans l'intérêt de ses peuples, en raison de leurs propres besoins et des circonstances; il peut promulguer un pacte fondamental, octroyer une charte; il le peut, parce qu'il est pouvoir constituant, parce qu'en lui réside la souveraineté qu'il prétend tenir de Dieu même; telles sont les conséquences de ce principe souverain, qui est aussi, lui, un principe. Une fois ce principe admis, il peut avoir ses partisans, parce qu'il est un fait appréciable et reconnu par un grand nombre de peuples civilisés.

Tel est le principe constituant de droit divin.

Mais un deuxième principe lui est opposé, le principe de souveraineté populaire, résidant dans la généralité des individus d'une nation vivant en société ; or, ce principe, comme l'a fort bien démontré M. de Cormenin, est le principe souverain le plus vrai, car il est le principe créateur de toute société.

Mais comment s'exerce ce principe ? s'exerce-t-il directement , le peut-il ? non certainement il ne s'exerce pas directement, parce qu'il y aurait impossibilité qu'une multitude d'individus , une nation toute entière enfin, pût s'entendre en assemblée générale pour régler sagement ses propres intérêts et se créer une constitution et les lois nécessaires pour la protéger. Mais alors, il arrive naturellement par le fait de la volonté générale ou de la majorité des citoyens, ce qui est la même chose, que cette généralité ou cette majorité, peu importe, délègue par sa *propre* volonté un mandat *spécial* aux plus sages des citoyens pour faire en son nom le pacte fondamental, par lequel la nation prétend vivre en société ; ils le délèguent ce mandat, parce que la généralité des citoyens sentent l'impuissance de pouvoir exercer en masse cette souveraineté constituante ; ils la délèguent dans leur propre intérêt, mais ils ne se dessaisissent pas du droit primitif constituant, car ils ne pourraient pas même s'en dessaisir quand bien même ils le voudraient, parce que ce droit est inaliénable, car il est la liberté même, sans laquelle il n'y a plus que de l'esclavage, des priviléges et de l'usurpation. Or, il est de fait que toute société qui a voulu s'organiser, en a agi ainsi, parce qu'elle ne pouvait pas agir autrement. Peu importe que quelques individus aient pris l'initiative, et qu'ils aient senti les premiers le besoin de se constituer en société et de s'imposer un contrat de société ; ces individus isolés, n'auraient pu stipuler au nom de tous, sans l'assentiment de la majorité, autrement il y aurait usurpation de pouvoir, et le contrat rédigé par une poignée d'individus, pris isolément, et sans autre mandat que leur propre volonté, fussent-ils animés des meilleures intentions, n'en serait pas moins une usurpation du pouvoir constituant qu'ils n'avaient pas, et tout ce qu'ils auraient fait sans mandat *spécial*, serait de toute nullité et ne lierait en rien la majorité de la nation qu'ils auraient voulu soumettre aux clauses de leur contrat. Ceci est de toute évidence et ne peut supporter d'autre exception que celle de la nécessité dans laquelle auraient pu se trouver *ces quelques individus* pour conserver l'ordre, lorsque la société se trouve ébranlée jusque dans ses fondemens, par une catastrophe imprévue.

Bien certainement alors le mandat de la nécessité devient légitime aussi pour le salut de tous, mais une fois ce moment de crise passé, le principe primitif constituant redevient ce qu'il était, il reprend toute sa force, il se ressaisit de tous ses *droits*.

De deux choses l'une, ou il délègue de nouveau le mandat constituant, à qui bon il lui plaît, à qui mérite sa confiance, ou il confirme par son approbation ce qui a été fait, sans son mandat, mais dans son propre intérêt; dans l'un et dans l'autre cas, il n'a pas abandonné ses droits, il les a exercés.

Faisons maintenant l'application de ces principes qui sont les seuls principes de vie de toute société régie par le droit imprescriptible de souveraineté nationale, faisons-en, disons-nous, l'application aux événemens qui ont suivis les journées des 27, 28 et 29 juillet 1830, et voyons de quelle manière a été exercée la souveraineté populaire, au profit de qui elle a été exercée, par qui elle l'a été, et si cette fois la nation française a joui ou n'a pas joui de ses droits de souveraineté, nous examinerons ensuite jusqu'à quel point tout ce qui a été fait, est dans le droit constituant, et jusqu'à quel point aussi tout ce qui a été fait est obligatoire pour la nation, pour les citoyens.

Récapitulons, nous jugerons ensuite.

Le principe souverain de droit divin régissait la France le 26 juillet 1830, il fut renversé dans les journées des 27, 28 et 29 par la volonté nationale, indignée de la violation du pacte même *octroyé* par le souverain de droit divin ; ceux mêmes qui, de bonne foi, avaient défendu le principe du droit divin, comme une nécessité utile dans le tems, aux intérêts de la France, mais qui ne l'avaient défendu que parce qu'ils croyaient que ceux particulièrement chargés d'en maintenir les principes et les *concessions*, tiendraient à leurs sermens, ne furent pas les derniers à revenir à des principes plus sages et à reconnaître que le principe souverain le plus vrai réside nécessairement dans la volonté nationale, volonté exprimée par la majorité des citoyens, et que ce principe de souveraineté est inaliénable.

Or, après la catastrophe de juillet, catastrophe qui venait de détrôner le principe constituant de droit divin, vaincu par la souveraineté populaire, on est bien forcé de convenir que la nation était rentrée dans la plénitude de tous ses droits, à moins de se refuser à l'évidence et de fermer les yeux à la lumière.

Qu'est-il arrivé ? quelques individus, animés, sans doute des meilleures intentions, prenant leur mandat de la circonstance, ont improvisé un gouvernement au nom du principe souverain qui avait vaincu aux barricades ; quelques débris de la Chambre qui avait juré de défendre le principe souverain du droit divin, prenant ainsi leur mandat des circonstances (et en cela nous sommes loin de leur en faire un crime), croient devoir à leur tour improviser un pacte fondamental au nom du souverain nouveau, le peuple vainqueur. Jusque-là rien d'illégal, une comparaison justifiera notre pensée.

Supposons qu'un incendie atteigne et ravage un village ou une ville entière, si vous voulez : quelques citoyens courageux font de leur propre mouvement des dispositions pour arrêter l'incendie ; ils disposent des propriétés attaquées par le feu, comme ils le feraient de leurs propres propriétés en pareil cas ; ils rétablissent l'ordre et éteignent l'incendie. Mais une fois l'ordre rétabli, l'incendie arrêté, les propriétaires auront sans doute de grands remerciemens à adresser à leurs bienfaiteurs. Mais en auraient-ils des remerciemens à leur adresser, si leurs *sauveurs* venaient leur dire : nous avons préservé vos propriétés; elles vous appartiennent, c'est vrai; mais, pour votre facilité, pour votre avantage, trouvez bon que nous disposions à notre gré de vos propriétés. Nous convenons qu'elles vous appartiennent, cela doit vous suffire, nous les régirons, nous, vos *sauveurs*, à notre gré; nous en disposerons comme bon nous semblera, en faveur de qui il nous plaira; cela ne vous regarde plus. Que répondre à ces *sauveurs?* je laisse ce soin à chaque citoyen intéressé.

Revenons à notre sujet.

Admettons qu'après les journées de juillet, les circonstances étaient graves, et que nous devons des remerciemens à ceux qui ont contribué à rétablir l'ordre en se saisissant du mandat impératif de la circonstance et de la nécessité.

Mais une fois ces circonstances graves calmées et passées, y avait-il urgence de continuer à faire usage du mandat de la nécessité? Disons-le, parce que c'est la vérité : tous actes continuans faits après le calme rétabli deviennent alors usurpation de pouvoir, et par conséquent sont entachés de toute nullité, et ne peuvent pas plus lier le principe souverain que les véritables propriétaires des maisons incendiées ne se trouveraient liés eux-mêmes par les dispositions de leurs propriétés ; dispositions qu'auraient pu faire, contre leur gré et contre leur mandat, ceux qui, après avoir éteint le feu, auraient voulu continuer à gérer leurs propriétés à leur manière.

Or, en supposant le mandat de la circonstance, *la nécessité*, par rapport aux hommes d'état qui se sont emparé des rênes du gouvernement après les journées de juillet (et nous admettons ce mandat de nécessité), avaient-ils pouvoir, ces hommes d'état, d'imposer à la France entière leur volonté? Avaient-ils pouvoir d'exercer à eux seuls le pouvoir constituant, qui est le pouvoir souverain, eux qui n'ont pris leur mandat que de la circonstance, de la nécessité du moment? Avaient-ils pouvoir d'improviser une Charte, d'improviser un roi? Admettons qu'ils aient cru que leur mandat de nécessité se soit prolongé jusqu'à faire une Charte et un roi; n'est-ce pas usurper le pouvoir constituant qui n'appartient qu'à la nation, que de prétendre, sans consulter même cette nation, lui imposer une Charte, sans demander son assentiment et sa sanction, fût-elle même dans son intérêt.

Il y a dans cette conduite abus de pouvoirs; il y a violation du droit; par conséquent, tout ce qui en résulte, aux yeux de la logique, est de toute nullité et ne pourra irrévocablement lier la nation, qu'autant qu'elle aura couvert l'abus de pouvoir et la violation du droit par son consentement exprimée d'une manière légale.

Prétendra-t-on, par hasard, que la nation a été consultée sur la Charte improvisée de 1830, ou que du moins elle a donné son assentiment à cette Charte par les différentes adhésions qui sont parvenues depuis lors au pied du trône qu'elle a créé. Non certes, la nation n'a pas pu donner son assentiment de cette manière; car, en supposant (et nous l'admettons de bon cœur) que la généralité des citoyens français aient fait des vœux pour voir sur le trône Louis-Philippe, il ne s'ensuit pas qu'ils aient, d'une manière légale, acquiescé à la Charte improvisée de 1830 par quelques membres de la Chambre de la Charte de 1814. La présomption ici ne suffit pas; elle ne peut pas détruire le droit.

Pour obtenir la sanction de la nation sur les actes constituans émanés du pouvoir de circonstance de juillet 1830, c'était à la nation elle-même qu'il fallait demander cette sanction, mais à la nation en assemblées primaires, telles que ces assemblées se trouvaient indiquées par les Constitutions antérieures, Constitutions aussi acceptées par la nation.

Cette demande a-t-elle été faite seulement? Non certes; dès-lors la nation n'a donc pas donné sa sanction; et, tant qu'elle ne l'aura pas donnée, sa sanction, vous pourrez bien la forcer d'obéir à votre Charte de 1830 et aux lois que vous avez faites pour la soutenir votre Charte; mais son obéissance ne sera que l'obéissance qne l'on porte à la force : le droit n'en reste pas moins violé.

Cependant il ne dépend que de vous de régulariser vos actes. La nation, qui a toujours présens à la mémoire les services qui lui ont été rendus, et qui certes est très-oublieuse de la rigueur et de la parcimonie avec lesquelles elle a été traitée souvent, par ceux qui la conduisent, vous sanctionnerait encore aujourd'hui votre Charte, et régulariserait ainsi toutes ces lois que vous avez faites depuis, si de bonne foi vous faisiez un appel à sa générosité et à sa bienveillance.

Si vous refusez cet appel, vous persévérez donc dans votre usurpation, et la nation se sera vue, aux yeux de tous les peuples civilisés, frustrée de son droit de souveraineté; elle n'obéira plus, je le répète, qu'à la force, comme obéit un peuple conquis.

Est-ce dans ce but qu'à été faite la révolution de juillet? Il y avait alors violation du pacte fondamental octroyé par Louis XVIII. La révolution fut faite contre cette violation; le peuple reconquit sa souveraineté; et, pour prix de sa conquête, vous lui escamoteriez sa souveraineté même, puisque, sans sa participation, sans sa sanction, vous disposez du pouvoir constituant, qui est inhérent à sa souveraineté. Il y a cette différence que, sous Charles X, la nation se révolte contre la violation d'une Charte octroyée, et qu'en 1831, on reconnaît sa souveraineté, et on l'en dépouille!

Votre Charte de 1830 est-elle de droit obligatoire, nous répondons encore par la logique, non, tant qu'elle n'aura pas été sanctionnée par les assemblées primaires qui, seules, peuvent lui donner ce droit. On peut, et l'on doit même lui obéir, pour éviter toute secousse politique, et attendre du tems que l'on revienne aux principes que nous avons indiqués; principes qui sont les seuls vrais, et hors desquels il n'y a qu'usurpation. Espérons, et ce sont les seuls vœux que nous formons, que l'autorité qui s'est établie depuis 1830, éclairée par la discussion qu'a fait naître la lettre de *M. de Cormenin* sur cette importante question, abordera enfin la seule voie légale qu'il lui importe d'employer pour donner à la nation toute la satisfaction qu'elle a droit d'attendre pour la reconnaissance de son droit constituant, de son droit souverain.

Il ne nous suffit pas d'avoir démontré, beaucoup moins logiquement sans doute que ne l'a fait l'honorable M. de Cormenin, la nécessité de soumettre la nouvelle Charte à la sanction des assemblées primaires, pour lui donner la légalité qu'elle ne saurait avoir sans cette sanction; mais il nous reste à prouver encore que votre Charte est déjà violée par vous-mêmes, et c'est ce que nous allons faire pareillement.

En effet; article premier, *les Français sont égaux devant la loi;* sans doute, pour remplir tous les devoirs de citoyens dans le sens politique, car c'est en ce sens que l'on doit l'interpréter; aussi vous auriez dû définir ce que vous entendez par citoyen français, si vous ne l'avez pas fait; à votre défaut, nous devons donc prendre la définition que lui donnent les constitutions nationales antérieures, c'est une conséquence naturelle du principe de souveraineté populaire.

Dans votre Charte, vous semblez donner des droits *égaux* à tous les Français, mais bientôt, par vos lois électorales, vous faites des catégories, vous donnez des droits aux uns que vous refusez aux autres; vous faites des castes de privilégiés; vous voulez bien que tous les Français supportent les charges de l'État, vous voulez bien qu'ils soient soumis au recrutement de l'armée, qu'ils paient l'impôt au *prorata* de leur fortune, qu'ils fassent le service de la garde nationale; vous permettez aussi qu'ils soient jugés par les mêmes juges, mais vous ne réservez qu'à un petit nombre d'entre eux le droit de nommer aux conseils municipaux, à un plus petit nombre celui de participer aux élections de vos députés, et enfin à une partie très-minime vous accordez la capacité nécessaire pour être éligibles à la Chambre. Et vous appelez cela consacrer en principe que tous les Français sont égaux devant la loi!..... Vous dites gravement aux neuf dixièmes de la population : Faites-vous tuer pour la défense de la patrie, payez des contributions, faites votre service de gardes nationales, vous êtes capables de tout cela, vous le devez; mais vous n'êtes pas assez riches pour participer aux élections, vous ne l'êtes pas, à plus forte raison, assez pour être députés. L'immense majorité réside dans vos rangs, la souveraineté du peuple réside elle-même dans la majorité de la nation, n'importe, nous avons voulu du privilége, nous voulons encore pour nous, *minorité imperceptible*, la souveraineté, le droit d'élire et celui de représenter la nation, et tout cela, parce que nous sommes riches et que vous êtes pauvres; ce qui veut dire, en d'autres termes, que vous êtes plus capables et plus intéressés à bien faire et *à maintenir* les avantages du privilége que vous établissez; que celui qui ne possède que peu n'a pas autant d'intérêt à le conserver que celui qui possède beaucoup; tel est le langage occulte que vous tenez, convenez-en. Quoi! celui qui vit de son travail journalier, de son industrie, n'a pas le même intérêt que vous?... S'il en était ce que vous dites, la société entière serait dissoute, car vous auriez établi, par votre fait, la guerre entre ceux qui possèdent beaucoup et ceux qui possèdent peu; la loi agraire serait la conséquence de votre système.

Prouvez au contraire, parce que c'est aussi un fait vrai, que la souveraineté et le pouvoir constituant résident dans la majorité des citoyens, que tous ont le même intérêt, que tous se doivent à la patrie, et que tous doivent la défendre, afin de conserver, les uns leurs propriétés, et les autres leur industrie et leur travail. Pas d'exceptions; justice et droits égaux pour tous, voilà ce que veulent les citoyens français; voilà les résultats auxquels devaient s'attendre ceux qui ont vu de bonne foi et avec satisfaction la révolution de juillet. Pensez qu'ils font la généralité, et réfléchissez ensuite sur votre ouvrage.

IMPRIMERIE DE GŒTSCHY FILS ET COMP. RUE LOUIS-LE-GRAND, N° 35.

www.ingramcontent.com/pod-product-compliance
Ingram Content Group UK Ltd.
Pitfield, Milton Keynes, MK11 3LW, UK
UKHW021723130726
13696UKWH00006B/2500